생각하는 습관을 키우는

어린이 철학 교실

KLEINE UND GROSSE FRAGEN AN DIE WELT
by Ina Schmidt, with illustrations by Lena Ellermann
ⓒ 2017 by Carlsen Verlag GmbH, Hamburg
Korean Translation Copyright ⓒ 2018 by the Wings of Thinking Publishing Co.
All rights reserved.
The Korean language edition is published by arrangement with
CARLSEN Verlag GmbH through MOMO Agency, Seoul.

이 책의 한국어판 저작권은 모모 에이전시를 통해
CARLSEN Verlag GmbH사와 독점 계약한
"생각의날개"에 있습니다.
저작권법에 의해 한국 내에서 보호를 받는 저작물이므로
무단전재와 무단복제를 금합니다.

생각하는 습관을 키우는
어린이 철학 교실

이나 슈미트 지음
레나 엘레르만 그림
유영미 옮김

생각의 날개

나에게는 충직한 하인 여섯 명이 있어요.
내가 아는 모든 것들은 그들에게서 배운 것이지요.
하인들의 이름은 '언제, 어디서, 누가, 무엇을, 왜, 어떻게'입니다.
나는 하인들을 산으로, 바다로, 들로 보냅니다.
해야 할 일이 아주 많거든요.
나는 하인들이 다시 돌아오면 쉬게 해요.

하인들의 휴식 시간은 아홉 시부터 다섯 시까지랍니다.
그때는 내가 사무실에서 근무를 하니까요.
부활절과 크리스마스, 휴가 때도 쉬지요.

하지만 모두 나처럼 휴식 시간을 많이 주지는 않아요.
내가 아는 호기심쟁이 꼬마 하나는
자그마치 하인을 2만 명이나 거느리고 있어요.
꼬마네 하인들은 쉴 새 없이 일해요.
꼬마는 매일, 매시간 하인들을 일하러 보내지요.
하인들도 일하는 걸 싫어하지 않아요.
그 하인들은 바로 3천 명의 '어디서', 3천 명의 '어떻게'
1만 4,000명의 '왜'랍니다!

—러디어드 키플링의 '코끼리의 아이' 중에서

나만의 사색 공간이 있나요? 9

진짜로 있다는 것은 무엇일까? 13

우리는 무엇을 아름답다고 느낄까? 21

노력하지 않아도 행복이 찾아올까? 29

들썩들썩 감정은 무슨 일을 할까? 35

네가 내 친구라는 걸 어떻게 알 수 있을까? 43

생각은 어디에서 오고 어떻게 생겨날까? 49

나는 커서 어떤 사람이 될까? 57

공평하다는 건 어떤 것일까? 65

죽는다는 건 살아 있다는 것과 어떻게 다를까? 73

우리의 시간은 어떻게 흐를까? 81

나의 진짜 집은 어디일까? 89

발자국의 주인을 찾듯 시작을 찾아서! 97

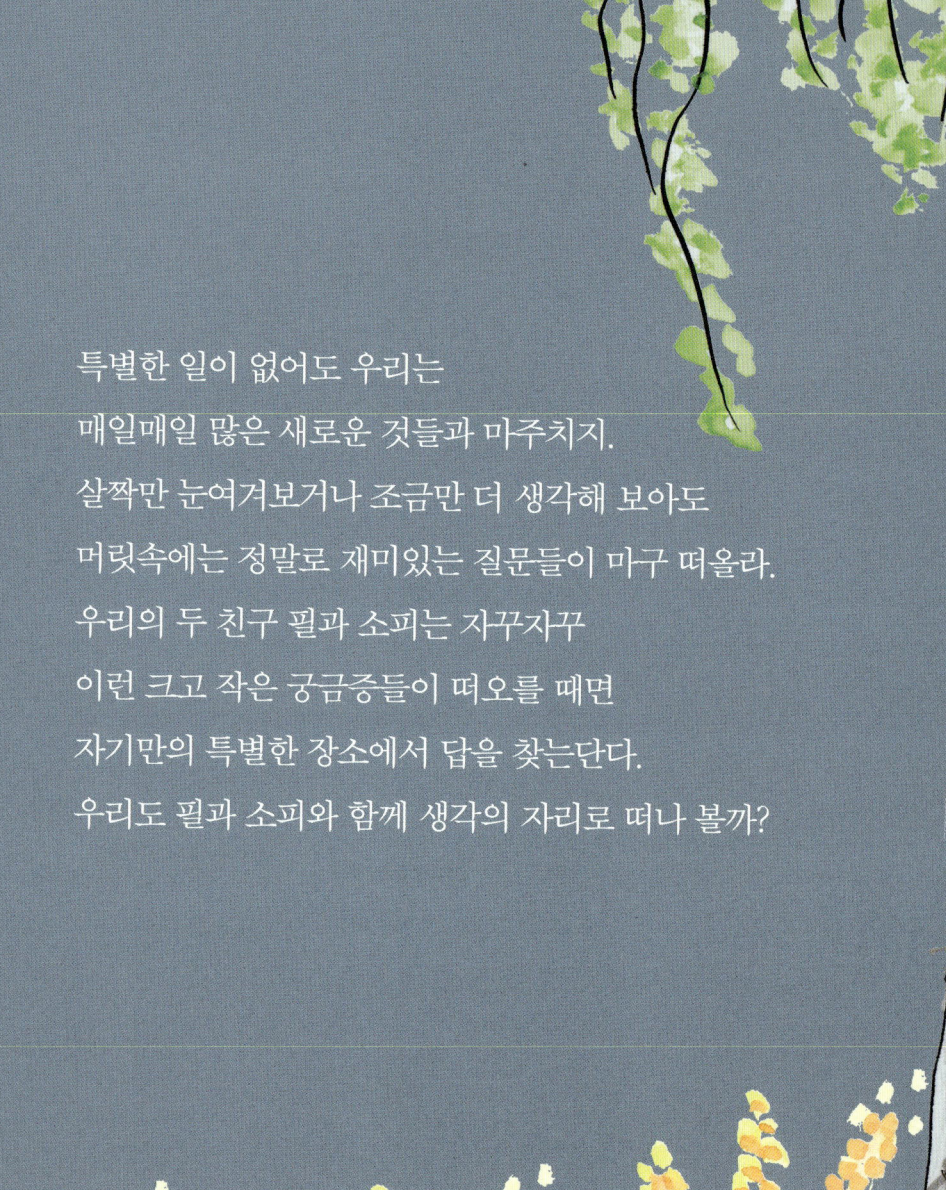

특별한 일이 없어도 우리는
매일매일 많은 새로운 것들과 마주치지.
살짝만 눈여겨보거나 조금만 더 생각해 보아도
머릿속에는 정말로 재미있는 질문들이 마구 떠올라.
우리의 두 친구 필과 소피는 자꾸자꾸
이런 크고 작은 궁금증들이 떠오를 때면
자기만의 특별한 장소에서 답을 찾는단다.
우리도 필과 소피와 함께 생각의 자리로 떠나 볼까?

시내에서 조금 떨어진 곳에 커다란 밀밭이 있어요. 여름에는 밭에서 밀들이 무럭무럭 자라지요. 이 밀들이 나중에 맛있는 빵이며 쿠키가 된다고 생각하니 군침이 돌아요.

수확이 끝나면 밭은 조금 황량해져요. 줄기가 싹둑 잘려 나간 채 밑동만 남은 밭에 가을 햇볕이 내리쬐이지요.

그러다 차가운 겨울이 되면 밀밭은 고요해져요. 마치 평화롭게 잠자는 것처럼요. 똑같은 장소지만 계절에 따라 밭은 계속해서 얼굴을 바꾼답니다.

잠시 쉬고 싶거나 걱정거리가 있을 때, 이곳에 오면 생각이 아주 잘된답니다. 밀밭은 언제나 우리를 반갑게 맞아 주지요.

밭 옆으로 난 작은 길에는 커다란 자작나무가 한 그루 있어요. 나무 옆에는 큼지막한 바위 두 개가 벤치처럼 놓여 있지요. 비탈을 조금 내려가면 맑은 시내가 흐르고, 오리들도 둥둥 떠서 헤엄을 친답니다.

어렸을 때부터 친구인 필립과 소피는 이 바위에 앉아 이야기 나누는 걸 매우 좋아해요. 친구들은 필립을 그냥 필이라고 부르지요.

필과 소피가 살고 있는 마을에서 자작나무까지는 자전거로 채 2분도 안 걸려요. 그래서 종종 이곳에 온답니다. 시간을 보내기엔 안성맞춤인 장소거든요.

이곳에 오면 생각이 구름처럼 피어올라요. 풀리지 않는 수학 문제 같은 건 안중에 없어지지요. 어차피 사람은 모든 것에 대해 다 알 수 없을 테고, 궁금한 질문을 조용히 생각해 보는 것이 훨씬 더 중요하지 않겠어요?

우리 주변을 둘러보면
세상이 또렷하게 눈에 보여.
우리는 대부분의 것들을 만져 볼 수 있고,
유심히 관찰하거나 어른들에게 물어보면
그것이 무엇인지 알 수 있지.

하지만 세상에는 눈에 보이는 것들만 있을까?
눈에 보이지 않는 것들도 있지 않을까?
오늘 필과 소피는 그 차이가 무엇인지
무척 궁금해.

소피는 자전거를 자작나무에 기대어 놓은 뒤에 샌들을 벗고 맨발로 이끼를 디뎠어요. 무당벌레 한 마리가 자작나무 아래의 바위 사이로 부지런히 기어가고 있었지요.

소피는 몸을 굽혀서 무당벌레가 자기 손바닥 위로 기어오르게 했어요. 그런 다음 다시 나뭇잎 위로 올려 주었지요. 무당벌레는 아무 일도 없었다는 듯 태연하게 기다란 잎을 따라 행진했답니다.

"오늘 수업 시간에 동물 이야기를 했어. 나비, 고슴도치, 여우……. 우리는 아는 동물들을 죄다 말했지. 팔크는 자기네 집 근처 숲에 요괴가 산다면서 요괴도 동물이냐고 선생님께 물었어. 그러자 호엔펠스 선생님은 요괴 같은 것은 없고, 만약 있다고 해도 요괴는 동물이 아닐 거라고 하셨어."

소피가 무당벌레의 움직임을 눈으로 좇으며 말했어요.

"그래, 소피. 요괴는 이야기 속에만 나오잖아. 누군가 지어낸 거지 진짜 있는 건 아니야."

"하지만 상상할 수 있다면, 요괴가 진짜 있는 게 아닐까?

우리 동네 숲에서는 볼 수가 없다지만 말이야. 그런데 요괴가 존재하지 않는 생물이라고 해도 호엔펠스 선생님은 요괴가 동물이 아니라는 걸 어떻게 아셨지? 요괴가 동물일 수도 있잖아. 사람들이 머릿속으로 지어낸 것이든 그렇지 않은 것이든 말이야. 난 좀 헷갈려."

돌돌 말린 나뭇잎 위를 기어가는 무당벌레를 보며 소피가 말을 이었어요.

"여기 봐, 무당벌레가 있지? 무당벌레는 잠시 후 우리 눈에서 사라질 거야. 하지만 그래도 이 무당벌레는 계속 있는 거야. 세상엔 내가 아직 보지 못한 것들이 아주 많아. 하지만 나는 그것들이 존재한다는 걸 알아. 한데 기린을 그림으로밖에 못 봤다면, 기린이 상상 속 동물이 아니라는 걸 어떻게 알 수 있지?"

"그야 간단하지. 궁금하면 동물원에 가 보면 되잖아."

"그래, 맞아! 하지만 공룡은? 이제 공룡은 아무 데서도 볼 수가 없잖아. 그런데도 공룡은 상상 속 동물이 아니라, 정말로 있었는데 멸종한 동물이라고들 하지. 공룡 뼈가 세계 곳곳에서 발견되었기 때문에 말이야. 학자들이 그렇다고 인정하니까 우리는 그 말을 믿을 수밖에 없어. 하지만 그렇다면 무엇인가가 정말로 존재하는 것인지 아니면 옛날에 존재했던 것인지 아니면 그냥 우리들 머릿속에만 있는 것인지 어떻게 알지?"

"듣고 보니 그러네? 구분이 쉽지 않겠어."

필이 이맛살을 찌푸렸어요.

"어휴, 너무 어렵다! 보이지 않아도 세상에 존재하는 것들이 많긴 많네. 눈에 보이진 않지만 무서움이란 느낌도 세상에 분명 있는 거잖아? 콜라 맛 젤리를 먹을 때 느끼는 즐거움이나 애니메이션을 볼 때 느끼는 재미도 있는 것이고 말이야. 눈에 보이지는 않지만, 세상에 '재미'가 존재하지 않는다고 말할 순 없는 것처럼."

"맞아! 눈에 보이는 것도 있는 거고, 상상할 수 있는 것도 있는 거지. 맛보고 느낄 수 있는 것들도 있고, 자기 안에 꼭꼭 숨겨진 것들도 있고……. 그리고 이런 걸 친구에게 이야기할 수도 있잖아?"

소피는 잠시 말을 멈추고, 시냇가를 따라 죽 펼쳐진 갈대숲을 바라보았어요.

"필, 이것 좀 봐!"

소피는 필의 팔을 잡아끌고는 갈대 수풀로 갔어요. 그리고 그 사이에 숨어 있는 울퉁불퉁한 갈색 나뭇가지 하나를 가리켰어요.

"이건 오래된 자작나무 가지 같은데……. 하지만 요괴일 수도 있어. 안 그래?"

"그럴지도 모르지. 너 내일 팔크에게 이 얘기 할 거지? 호엔펠스 선생님은 믿지 않으실 테지만 말이야."

> 철학자의 지혜 한 스푼

철학은 주변에 있는 것들을
놀라워하는 것에서부터 시작된다

  사람들은 2,000년도 훨씬 전부터 철학을 해 왔어요. 서양 철학의 '요람'은 그리스라고들 하지요. 아주 일찍부터 그리스 사람들이 이 세상에 대해 영리한 질문을 해 왔기 때문이에요.
  고대 그리스의 사상가들은 오늘날까지도 중요하게 여겨져요. 그 중 한 사람이 바로 아리스토텔레스예요. 아리스토텔레스는 스승인 플라톤과 마찬가지로 모든 철학은 주변에 있는 것들을 놀라워하는 것에서부터 시작된다고 확신했어요.
  아리스토텔레스는 "그것은 무엇인가?"라는 질문을 했어요. 그러고는 "ti estin"이라고 답했지요. 이것은 '사물의 본질'이라는 뜻이에요. 그것이 무엇인가란 의문을 품었을 때, 비로소 그 본질에 다다른다는 것이지요.
  단순해 보이는 질문이지만, 실은 아주 중요한 의문이랍니다. 이런 의문들을 통해 생각의 물꼬가 트이기 때문이지요. 세월이 2천 년쯤 더 지난 뒤에 독일의 철학자 라이

프니츠도 이와 비슷한 질문을 했어요. "왜 아무것도 없지 않고, 무엇인가가 있지?"라고요.

오늘날에도 우리는 이런 질문을 생각해 볼 수 있어요. 대부분의 것들이 늘 있어서 좋긴 하지만, 때로 그런 것들이 없는 세계는 어떨까 하고요. 그런 생각을 해 보는 것도 꽤 재미있어요.

이를테면 내가 입고 있는 옷을 보다가 "옷이 없다면 어떻게 될까?"라고 생각해 보는 것이지요. 생각은 꼬리에 꼬리를 물고 이어지기 때문에 점점 더 깊은 지혜를 갖게 한답니다.

☆ **아리스토텔레스(기원전 384~322)**
플라톤의 뒤를 이어 고대 그리스 철학의 황금기를 이어간 철학자예요. 아리스토텔레스는 항상 나무가 우거진 가로수 길을 산책하면서 제자들을 가르쳤어요. 삼단 논법의 형식을 확립했지요.

☆ **고트프리트 라이프니츠(1646~1716)**
수학, 물리학, 심리학, 역사학 등 수많은 분야에서 업적을 남겼어요. 라이프니츠는 생각을 이루는 가장 기본적인 요소들을 밝혀내고, 이들이 어떻게 결합하는지 알아내려고 했어요.

살다 보면 우리는 가끔
예쁜 것, 아름다운 것, 멋진 것들을 발견하곤 하지.
예쁜 옷, 아름다운 순간, 멋진 여행.
그러나 그런 것들은 왜 그렇게
멋지고 아름답고 예쁘게 다가올까?

오늘 학교에서 돌아오다가
소피는 아름다운 벚꽃과 마주쳤어.
하지만 필은 소피와는 느낌이 조금 달랐어.
사람마다 생각이 다 다르다면,
아름다운 것은 어떻게 아름다운 것이 될 수 있을까?
그리고 아름다운 것들이 사라지고 나면
아름다움은 어떻게 되는 거지?

자작나무로 오는 길에 필과 소피는 작은 정원을 지났어요. 막 벚꽃이 피어나고 있었어요. 소피와 필은 정원 울타리 위로 늘어진 꽃가지들을 구경했어요.

"이것 좀 봐, 필."

소피가 두 손으로 부드러운 꽃잎들을 감쌌어요. 꽃송이가 마치 하얀 구슬 같아 보였죠.

"예쁘다! 누가 만든 것도 아닌데. 저절로 생겨난 예술 작품 같아."

"응, 정말 예뻐. 하지만 2주쯤 지나면 다 져 버리겠지. 꽃은 예쁘게 피지만, 금방 사라지는 예술 작품이야."

필이 말했어요.

"그래, 하지만 상관없어. 오래가지는 않지만, 지금 이 순간 아름다우니까. 그리고…… 작은 꽃잎 하나하나가 모여서 얼마나 아름다운 꽃이 되는지 볼 수 있으니까 말이야. 오래가지 않아도 괜찮아. 아름다운 저녁노을도 영원하지는 않으니까."

"그래, 소피. 저녁노을은 정말 멋지지. 어떤 것들은 아름답게 여겨지는데, 어떤 것들은 어째서 그렇지 않은 걸까? 그리고 너는 이런 꽃들을 아름답다고 느끼는데, 어째서 나는 너만큼 아름답다고 느끼지 않는 걸까?"

"그러게……. 너는 저녁노을 말고, 또 뭐가 아름다운 것 같아?"

소피가 손가락 사이로 벚꽃을 빼꼼히 내보이면서 물었어요.

"음, 여름휴가 때 바닷가에서 주워 온 조가비와 달팽이 껍데기가 아름다워. 조가비와 달팽이 껍데기 안쪽이 얼마나 멋지게 반짝이는지 몰라. 햇빛을 받으면 전혀 다른 색으로 반짝인다고! 게다가 조가비는 시들지도 않아. 아름다움이 계속 유지되지."

"난 모르겠어."

소피가 벚나무 가지를 천천히 놓아 버리자, 가지가 폴짝하고 정원 울타리 위로 올라갔어요.

"어떻게 생각하면 아름다운 것만이 아니라, 그 아름다움이 영원하지 않다는 게 중요한 것 같기도 해. 벚꽃은 일 년에 한 번 잠시 피었다 지잖아. 크리스마스도 일 년에 한 번뿐이고! 난 계속되지 않고 금방 지나가 버리기 때문에 더 아름다운 것 같아. 모든 것은 빠르게 지나가지. 하지만 언젠가는 다시 찾아와. 매일매일이 크리스마스라면, 크리스마스가 그리 멋질 것 같진 않아."

소피가 말했어요.

"그래, '아름다움'에는 두 종류가 있는 것 같아. 꽃처럼 왔다가 가는 것과 필요할 때마다 늘 있어 주는 것. 아, 때로는 생각만 해도 아름다운 것들이 있지!"

"맞아, 필! 아름다운 생각도 있어! 아주 특별한 아름다움이야."

소피가 환하게 웃었어요. 필은 자신이 그런 생각을 해냈다는 것이 조금 자랑스러웠어요.

"소피, 잠깐만!"

필은 까치발을 하고는 조심스럽게 예쁜 벚꽃 한 송이를 꺾었어요.

"이 꽃을 내 압착기에다가 눌러서 가지고 올게. 그러면 넌 오늘의 아름다움을 기억할 수 있는 꽃을 갖게 될 거고, 내년 봄에 또 꽃이 필 것이라는 아름다운 생각을 할 수 있을 거야. 꽃은 늘 너에게 있을 테니까."

철학자의 지혜 한 스푼

아름다운 것을 만났을 땐 있는 그대로를 느껴 보기

철학에는 우리가 감각으로 세계를 어떻게 체험하는지를 묻는 특별한 분야가 있어요. 그 분야를 '미학'이라고 부른답니다. 미학을 뜻하는 영어 단어인 'Aesthetics'는 그리스어의 '지각'이라는 말에서 유래했어요. 처음에는 미(美) 즉 아름다움과는 별 상관이 없는 단어였던 것이지요.

많은 사상가들은 아름다움이란 우리의 감각, 즉 '눈, 귀, 코, 혀, 손'으로 알아챌 수 있는 것이라고 생각했어요. 이런 감각에 이 모든 것이 무슨 의미인지를 생각할 수 있는 정신이 더해져 아름다움을 지각할 수 있다고 보았지요.

독일의 극작가 실러는 《인간의 미적 교육에 관한 편지》라는 책에서 인간이 느낄 수 있는 여러 가지 아름다움에 대해 이야기했어요.

실러는 인간이 도덕적으로 행동하기 위해서는 미적 교육을 꼭 받아야 한다고 했어요. 아름다움이라는 말은

흔히 쓰이지만, 그 아름다움을 표현하려면 특수한 능력이 있어야 해요. 그런 특수한 능력이 있다는 것은 어떤 상황이건 조화로우면서도 자유롭게 행동할 수 있다는 뜻이지요.

그래서 실러는 도덕적으로 살기 위해서는 미적 능력이 밑바탕 되어야 한다고 주장했어요.

실러는 아름다운 것들을 인식하거나 파헤치려 들기보다는 그냥 그것들을 가지고 '놀고', 있는 그대로의 모습을 '감상'할 때 비로소 아름다운 것들과 친해질 수 있다고 생각했어요. 필과 소피가 벚꽃을 그렇게 대했던 것처럼 말이에요.

오늘 우리는 무엇을 보며 아름다움을 느낄까요? 나와 가장 가까이에 있는 것에서부터 아름다움을 느껴 보아요.

☆ **프리드리히 폰 실러(1759~1805)**
괴테의 벗이자 독일의 국민 시인이에요. 실러는 아름다움이라는 가치를 추구할 때 비로소 자유로워질 수 있다고 했어요.

행복도 아름다움처럼 그래.
모든 사람이 더 행복해지고 싶어 하고,
행복을 붙잡아 두고 싶어 하지.
하지만 과연 그렇게 될 수 있을까?

오늘 필과 소피는 행복은,
억지로 찾는다고 얻어지는 게 아니라
우리의 두 눈과 귀를 활짝 열고
작은 것에 귀 기울이는 법을 배울 때
비로소 찾아온다는 걸 보여 줄 거야.

"어제 로라네 집에 놀러갔거든. 화장실에 책이 한 권 있었는데, 책 제목이 《행복에 대하여. 행복을 어떻게 찾을 수 있을까?》였어."

소피가 자작나무 아래의 풀밭에 누워 말했어요.

"필, 행복을 정말로 찾을 수 있다고 생각해?"

"숨겨 놓은 부활절 달걀이나 우리 엄마가 종종 찾아 헤매는 현관문 열쇠처럼 말이지?"

필이 잠시 생각에 잠겼어요.

"글쎄, 사람이 행복을 찾을 수 있을지는 잘 모르겠어. 행복이 어떻게 생겼는지 아무도 모르니까 말이야. 침대 밑에서 초록색 반짝이는 물건을 꺼내며 '야, 여기서 행복을 찾았다!' 하고 소리칠 수 있다면 좋겠는데. 그렇지만 그런 말은 들어 본 적이 없어."

필은 다시금 곰곰이 생각하더니 "노력한다고 행복해질 수 있을지 잘 모르겠어."라고 하지 뭐예요.

"그게 무슨 말이야, 필? 노력도 없이 어떻게 행복해져?"

잠시 생각하더니 필이 말했어요.

"나는 행복이 마음에 드는 걸 찾아간다고 생각해. 그러니까 운이 좋으면 행복이 나를 찾아오는 거지."

좀 어려운 얘기 같았지만 필은 골똘히 그런 생각을 한 다음 미소 지었어요.

"그래, 나는 그렇게 생각해."

소피도 한동안 아무 말 없이 곰곰이 생각에 잠겼어요. 그랬더니 이 순간이 참 아름답게 느껴지지 뭐예요?

"필, 네 생각이 참 마음에 들어. 나는 지금 막 행복이 우리를 찾아온 것 같아. 그렇지 않니?"

그러자 필도 엉겁결에 고개를 끄덕였답니다.

갑자기 부드러운 바람이 살랑 불어와 자작나무 가지가 흔들렸어요. 나뭇잎들이 서로 마주치며 사각거렸지요. 마치 행복이 그렇다고 대답하는 것만 같았어요.

때로는 한순간 가슴속에 스치는 기분 좋은 느낌만으로도 행복이 찾아왔다는 걸 알 수 있을 거예요. 그냥 그렇게 행복은 느끼는 것이고, 행복을 찾으려고 일부러 두껍고 어려운 책을 읽을 필요는 없을지도 모르겠어요.

철학자의 지혜 한 스푼

작은 것에서 행복을 찾으면 매일매일이 행복하다

 행복을 발견하는 것은 그리 쉽지 않아요. 행복은 막 찾아다닌다고 얻을 수 있는 것도 아니고요. 사람들은 모두 행복해지고 싶어 해요. 하지만 어떻게 하면 되는지, 무엇을 해야 행복해지는지 아무도 확실하게 알지 못해요.

 고대 그리스인들은 행복에 대해 많은 생각을 했고, 무엇이 '바람직한 삶'인지 고민했어요.

 하지만 그들은 온종일 늘 행복하기만 해야 한다고 생각하지는 않았어요. 지금 내가 가지고 있는 것, 할 수 있는 일에서 기쁨을 느끼는 게 중요하다고 생각했지요. 어느 한쪽으로 치우치지 않고 뭐든 과하지 않게 하면서요. 이런 상태를 철학에서는 중용이라고 해요. 철학자들은 중용을 실천하는 가운데 '행복'을 맛볼 수 있다고 보았답니다.

 독일의 철학자 니체는 '중용'을 실천한 사람은 아니었지만, 늘 작은 것에서 행복을 찾곤 했답니다. 그의 책

《자라투스트라는 이렇게 말했다》에서 주인공 자라투스트라는 삶에서 정말 중요한 것이 무엇인지 발견하고자 길을 떠났어요.

어느 한낮 자라투스트라가 커다란 나무 밑에서 쉬고 있는데, 그의 무릎 위로 행복이 떨어졌어요. 무성한 나뭇잎 사이로 불어오는 부드러운 미풍에 실려서 말이에요.

이런 태도로 살아가면 소소한 행복을 자주 누릴 수 있어요. 행복을 애써 쫓지 않아도 행복은 때때로 자연스럽게 다가온답니다. 필과 소피도 행복을 찾으려고 억지로 애쓰지 않는 가운데 이런 순간을 경험했답니다.

☆ **프리드리히 빌헬름 니체(1844~1900)**
니체는 우리가 당연하게 받아들이는 가치들을 망치로 때려 부수듯 과감히 뒤집어 버린 철학자예요. 니체는 인간의 의지를 중시했고, 자신의 삶을 굳센 의지로 꿋꿋하게 개척해 나가라고 했어요.

감정이 무엇인지 설명하기는 쉽지 않아.
그런데도 우리 모두는
화나고, 걱정되고, 즐겁고, 설레는 것이
어떤 느낌인지 잘 알지.

필과 소피는 오늘
자신의 느낌을 설명하고
무엇이 하고 싶은지 알기 위해서는
감정과 생각, 이 둘 다가
중요하다는 걸 발견하지.

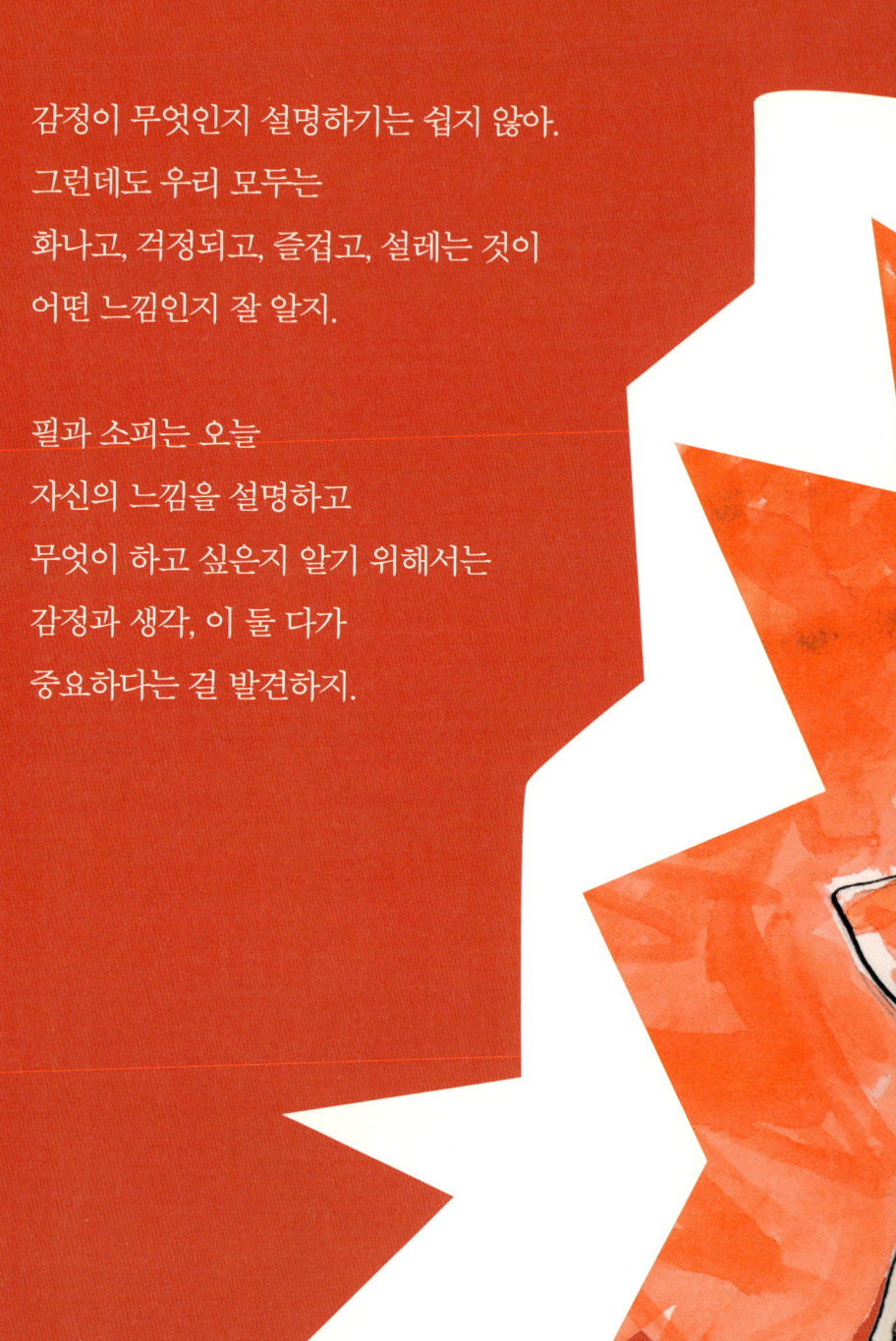

"아, 진짜 화가 나서 폭발해 버릴 것만 같아! 정말 짜증나!"

소피가 소리를 지르며 자전거를 바위 옆의 이끼가 깔린 땅으로 내던져 버렸어요. 덜커덩 소리가 나며 자전거에서 가방이 떨어졌어요. 소피는 점퍼를 벗으려고 했지만, 팔이 소매에 끼어 잘 벗어지지도 않았어요.

"아, 정말 오늘 왜 이러지!"

소피는 점퍼를 벗어 가방 옆에 집어 던지고는 양손에 얼굴을 묻었어요.

"왜 그래? 학교에서 무슨 일 있었어?"

필이 물었어요. 소피가 이렇게 화를 내는 건 처음 있는 일이었어요.

"이제 너무 늦어 버렸어……. 그렇게 기대했는데."

소피가 코를 훌쩍이며 말했어요.

"한마디도 못 알아듣겠네. 무슨 일인지 자세히 말해 봐."

필이 다그쳤어요.

소피는 여전히 손바닥에 얼굴을 묻은 채 말했어요.

"여름에 할 연극 배역을 정해야 하거든. 모두 신청서에

희망 배역과 그 역할이 자기에게 잘 어울리는 이유를 적어서 냈어. 나는 해적 딸이 하고 싶었거든. 그런데 깜박하고 신청서를 집에 두고 왔지 뭐야! 호엔펠스 선생님은 오늘까지 신청서를 낸 아이들에게만 제비뽑기 기회를 주신다고 했거든. 나머지 아이들은 기껏해야 해적이나 아무 대사도 없는 멍청한 야자나무를 해야 해."

"그게 다야? 그런데 뭐가 그렇게 화가 나?"

필이 그렇게 물으며 바위에 앉았어요.

"그게 무슨 말이야? 왜 화가 나냐고? 난 좀 중요한 배역을 맡고 싶었다고! 작년에 〈용들의 학교〉를 공연했을 때 얼마나 재미있었는데. 호엔펠스 선생님은 올해에도 내가 같이하면 좋겠다고 말씀하셨어.
그런데 내가 다 그르쳐 버렸어!"

"맙소사! 소피, 화만 내지 말고 차분히 생각 좀 해 봐. 호엔펠스 선생님은 숙제를 봐 주느라 계속 학교에 계실 거 아냐? 선생님이 신청서를 오늘까지 제출하라고 했다며. 그럼 얼른 너희 집에 가서 신청서를 가져다가 학교에 다시 가면 될 거 아냐. 뭐가 문제니?"

소피는 마침내 얼굴에서 손을 떼었어요.

"어라, 그러네? 좋은 생각이다! 내가 왜 그 생각을 못 했을까?"

"알 게 뭐야. 화가 나서 머리가 안 돌아간 거지. 나도 그럴 때가 있어. 밤에 나쁜 꿈을 꾸다가 깨면, 놀라서 정신이 멍해지거든. 원래는 무서워할 필요가 없다는 걸 알면서도 말이야."

"맞아! 감정에 휩쓸리면 상황을 있는 그대로 볼 수가 없어. 하지만 좋은 감정들도 많아. 만약 감정이 없다면 사는 게 정말 재미가 없을 거야. 어떤 일 때문에 무척 기뻐서 꿈인가 생시인가 하고 내 살을 꼬집어 봐야 할 때도 있지. 봄에 따스한 햇살이 얼굴에 와 닿을 때 또는 머리가 뒤죽박죽이라 힘든데 올바로 생각할 수 있게 도와주는 좋은 친구가 있다는 걸 느끼게 될 때, 그럴 때 정말 기분이 좋아."

필은 얼굴이 약간 빨개졌어요.

"무엇이 중요한지 알려면, 감정과 생각 이 두 가지가 조화를 이루어야 하는 것 같아. 둘 중 하나가 너무 강하면, 우리 마음은 균형을 잃고 말아. 마치 한쪽 발로만 서 있거나 한쪽 눈으로만 세상을 보는 것처럼 말이야. 그러면 약간의 도움이 필요하지."

"맞아! 또 중요한 게 뭔지 알아?"

소피는 벌떡 일어나서 점퍼를 걸치고 가방을 자전거 짐받이로 올렸어요.

"우리가 서둘러야 한다는 거! 이런 이야기를 하다가 호엔펠스 선생님이 퇴근해 버리면 큰일이거든! 오늘까지 신청서를 가져다 드려야 하잖아."

철학자의 지혜 한 스푼

널뛰는 감정과 차가운 생각 사이에서 균형 잡기

　아주 오랫동안 철학자들은 감정을 그리 중시하지 않았어요. 고대 그리스 로마의 스토아학파 철학자들도 마찬가지였어요. 감정이 이성을 방해해서 사람을 혼란스럽게 할 뿐이라고 생각했지요. 그들은 진실을 찾으려면 이성을 활용해야 한다고 믿었어요. 정확하고 논리적으로 사고해야 한다고 말이에요.
　19세기 초부터 몇몇 사상가들, 주로 낭만주의자들이 감정을 표현하는 수단으로써 문학을 바라보기 시작했어요. 지금까지와는 아주 다른 형식의 진실을 발견할 수 있었던 거예요.
　막스 쉘러를 비롯한 여러 철학자들이 이성만을 중시하고 감정을 홀대하던 분위기를 바꿔 나가기 시작했어요. 이성만을 중시하던 사고에서 벗어나 감정 또한 이성 못지않게 중요한 것이라고 보았던 거죠.

필과 소피도 뭔가를 하고자 할 때, 어떻게 하면 감정 때문에 일을 그르치지 않을 수 있을까 고민해 보았어요. 그러면서 조금씩 생각과 감정 사이에서 균형을 잡아 나가고 있네요.

☆ **막스 쉘러(1874~1928)**
쉘러는 감정을 인간이 태어나면서부터 가지는 능력이자, 삶에 있어서 꼭 필요한 것이라고 보았어요. 쉘러는 이성만이 아니라 감정에도 나름의 질서와 법칙이 있다고 했어요.

좋은 친구가 있다는 건
세상에서 가장 멋진 일 중 하나일 거야.
하지만 친구란 무엇일까?
우리는 친구를 어떻게 알아볼 수 있지?
소피와 필은 오늘 오후 냇가에서
그런 생각들을 했어.

"필, 네가 나의 가장 좋은 친구 맞니?"

소피가 자작나무 뒤쪽의 시냇가에 서서 납작한 돌로 물수제비를 뜨면서 물었어요.

"와! 봤어? 세 번 연속이야!"

필은 물수제비를 뜨는 데 정신이 팔려서인지 소피를 쳐다보지도 않은 채 건성으로 대답했어요.

"뭐라고? 그럼 좋은 친구지. 그건 왜?"

"야, 필! 좀 진지하게 대답해 봐. 그런데 사람은 친구를 어떻게 발견하게 되는 것일까? 다른 사람보다 더 좋고 같이 놀고 싶은 사람 말이야."

소피는 나무 그루터기에 앉아 돌멩이를 이리 쥐었다 저리 쥐었다 했어요. 필은 마지못해 몸을 돌려 소피 옆에 앉았어요.

"잘 모르겠는데……. 아마 자신과 비슷한 사람을 좋아하게 되는 거 아닐까? 상대방에게서 자기 모습을 알아보는지도 몰라."

"하지만 많이 다른데 친구가 되기도 하잖아. 나는 생선을 싫어하고, 축구도 좋아하지 않아. 여름도 싫어하고. 그런데 넌 생선을 좋아하고, 주말에는 늘 축구 시합을 하고, 더운 날씨를 좋아하지. 우리는 전혀 비슷한 구석이 없는데 어떻게 친해졌을까?"

"그래, 하지만 모든 것이 다 비슷해야 하는 건 아닐 거야. 공통점과 차이점이 골고루 있겠지. 그보다 무엇이 비슷하고 무엇이 다른지를 아는 게 더 중요할 거야. 그건 그렇고 물수제비를 뜨는 건 너랑 같이할 때 가장 잘되더라. 앞으로도 그렇겠지?"

필이 미소를 지었어요. 소피가 냇물에 작은 회색 돌멩이를 던졌어요. 돌이 수면 위를 경쾌하게 통통 튕겨 갔지요.

"캬, 다섯 번!"

소피가 웃었어요.

"함께 물수제비 뜨기를 할 수 있는 친구가 있다는 건 세상에서 가장 멋진 일일 거야."

소피는 오늘 찾아낸 납작한 돌을 필에게 선물하기로 마음먹었어요. 필에게 좋은 친구가 되어 주겠다는 마음을 담아서 말이에요.

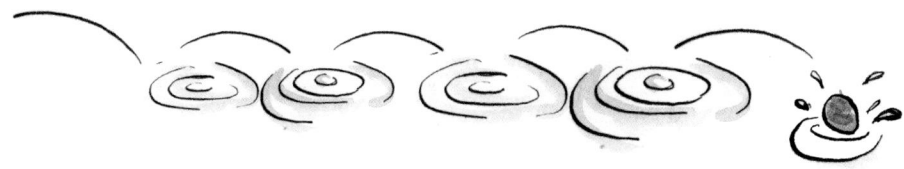

철학자의 지혜 한 스푼

친구란 두 몸에 깃든 하나의 영혼

그리스의 시인 호메로스가 쓴 《일리아드》란 영웅 서사시가 있어요. 이 책에도 친구들 간의 우정에 대한 이야기가 나와요.

도시 국가로 이루어진 그리스는 여러 도시의 왕들이 힘을 합쳐 트로이와 전쟁을 벌였어요. 영웅 아킬레우스는 그리스의 총사령관인 아가멤논과 사이가 좋지 않았어요. 그래서 전쟁에 나가지 않았지요.

오랜 친구 파트로클로스는 영웅 아킬레우스를 대신하여 그의 갑옷을 빌려 입고 전쟁터에 뛰어듭니다.

그런데 전쟁 중에 아폴론 신이 끼어들게 되고, 파트로클로스는 적장 헥토르의 손에 죽음을 맞게 되지요. 소중한 친구를 잃은 아킬레우스는 피눈물을 흘리며 복수를 굳게 다짐해요.

그러나 안타깝게도 아킬레우스 역시 전쟁에 뛰어들었다가 죽음을 맞습니다. 이 두 사나이의 우정은 진정한 우정이 무엇인지 되돌아보게 만든답니다.

그런데 무엇이 두 사람을 친구로 만들어 주는지에 대해 처음으로 깊이 고민한 철학자는 역시나 아리스토텔레스였어요. 아리스토텔레스는 자신의 책에 다양한 종류의 우정에 대해 썼어요. 그리고 마지막에 진정한 우정이란 이 세상에 단 하나밖에 없는 특별한 것이라고 결론 내렸답니다.

　아리스토텔레스는 '친구란 무엇인가?'라는 물음에 '두 몸에 깃든 하나의 영혼'이라고 답했어요. 친구는 생김새가 달라도, 좋아하는 것이 달라도 서로 마음이 통한다고나 할까요?

　많은 철학자들이 아리스토텔레스가 남긴 글을 열심히 읽으면서 그가 오래전에 했던 생각들을 오늘날에 알맞게 해석하고자 노력하고 있어요.

　오늘날에도 우리는 무엇이 두 사람을 좋은 친구로 이어 주는지 생각해요. 정말 멋진 생각이에요. 우리 모두가 함께 생각해 보아요.

머릿속이 온통 생각으로 꽉 차서
무엇부터 생각해야 할지
도무지 알 수 없었던 적이 있니?
필은 소피에게 생각이 뒤죽박죽일 때
머릿속이 어떻게 되는지 말해 주려고 해.

오늘 필과 소피는 생각이 왜 이런 건지,
저녁 무렵 고개를 든 생각이
계속 꼬리를 물고 이어질 땐
어떻게 잠이 들 수 있는지 그게 궁금해.

"휴, 어제 저녁에 잠이 안 와서 잠을 설쳤어. 그래서 늦잠 자는 바람에 아침도 못 먹고 학교에 갔지 뭐야."

필이 하품을 하다가 먹다 남은 빵을 바닥에 떨어뜨렸어요.

"왜 잠이 안 왔는데?"

"글쎄, 머릿속이 생각으로 꽉 차서 생각들이 제자리를 찾지 못하고 마구 돌아다녔다고나 할까? 의자로 들이박아서 모든 것이 뒤죽박죽된 내 책상 서랍처럼 말이야."

"네 책상 서랍은 굳이 들이받지 않더라도 뒤죽박죽일 텐데?"

소피가 도시락 통에서 사과 한 조각을 꺼내며 웃었어요.

"책상 서랍이 뒤죽박죽이어도 난 그 속에서 필요한 걸 금방 찾아내. 어수선해 보여도 그렇게 어지럽진 않거든. 그런데 머릿속은 좀 달라. 어떤 때는 생각이 마구 소용돌이를 쳐서 쉽게 잠잠해지지를 않아. 모든 것이 요동쳐서 뭔가를 어떻게 찾아내야 할지 모르겠어."

"소용돌이의 시작 부분만 찾으면 되지 않을까? 미로 정원에서 빠져나오려고 할 때처럼 말이야. 자꾸 떠오르는 생

각이 무엇인지, 네가 그 생각을 하는 이유가 무엇인지 알아내 봐. 뭐 때문에 그 생각이 나는지 알면 도움이 될지도 몰라."

소피가 말했어요.

"그래, 하지만 생각은 어디에서 오고 어떻게 생겨나는 걸까? 밖에서 뭔가가 내 머리를 똑똑 두드리기 때문에 생겨나는 걸까? 밤에 누워서 그런 질문들을 하다 보면, 점점 더 많은 생각들이 꼬리를 물고 이어져. 정말 쓸데없는 일인 것만 같아."

필이 말했어요.

"맞아."

소피가 고개를 끄덕였어요.

"하지만 소용돌이를 멈추게 하는 것보다는 소용돌이를 어떻게 생각하느냐가 더 중요하지 않을까? 비눗방울 놀이를 할 때나 발포 비타민을 녹여 먹을 때처럼 말이야. 공기나 물만 있으면 비눗방울을 날리거나 비타민이 부글부글 거품을 내게 할 수 있잖아. 생각도 그렇게 보면 어떨까? 그러면 생각이 많은 것을 기뻐할 수 있을 테고, 그러다 보면 잠도 잘 올 거야. 어때, 맞는 말 같지 않아?"

"크크! 꽤 좋은 생각인걸! 오늘 밤에 한번 시험해 볼게."

필이 하품을 하며 말했어요.

시큰둥하게 말했지만 필은 오늘 밤 비눗방울처럼 많은 생각들이 잠을 훼방 놓지 않을 거라고 확신했답니다. 물론 내일 밤에도요.

철학자의 지혜 한 스푼

한 가지 일에도 오만 가지 생각, 저마다 생각이 다른 이유는?

소크라테스는 플라톤의 스승이었어요. 소크라테스 역시 아주 중요한 그리스의 철학자였지요. 소크라테스와 플라톤은 아주 각별한 관계였어요. 소크라테스의 생각과 삶의 태도에 반한 플라톤은 그 가르침을 대화의 형식으로 기록했어요.

우리는 이렇게 쓴 글들을 《대화편》이라고 부른답니다. 각각의 대화마다 다양한 사람들이 함께 이야기하고 생각하면서 새로운 깨달음에 이르고 상황을 변화시키는 모습을 보여 주지요.

플라톤은 생각은 '영혼이 자기 자신과 나누는 내적인 대화'와 같은 것이라고 했어요. 그로써 플라톤은 우리 안의 생각들이 저절로 생겨난다고 생각했지요.

하지만 세상에는 서로 다른 생각들이 아주 많아요. 사람마다 한 가지 일을 두고도 오만 가지 생각을 하지요. 이럴 땐 다른 사람들은 어떻게 생각하는지 가만히 들어 보

세요. 생각을 키우는 데 좋은 방법이 될 거예요.

이를테면 '양보하는 것'에 대해 친구, 언니, 동생, 엄마, 아빠, 할아버지는 어떻게 생각할까요? 왜 저마다 그렇게 생각이 다 다른 걸까요?

이것은 상당히 재미있는 질문이에요. 혼자서 생각해 볼 수도 있고, 아니면 친구나 가족들, 축구 팀 친구들과 함께 이야기해 보세요.

☆ **플라톤**(기원전 427~348/347)
정치가의 꿈을 키워 가던 플라톤은 소크라테스를 만나 철학자로 살아가야겠다고 결심했어요. 플라톤은 변하지 않는 절대 진리인 이데아 개념을 확립했어요. 진정한 지식은 이성을 통해 이데아를 알았을 때에야 얻어진다고 주장했지요.

아이가 자라 어른이 된다는 건
참 신기한 일이야.
시간이 차곡차곡 쌓이다 보면
어느 순간 어른이 돼.
뭘 많이 하지 않아도 말이지.

하지만 우리는 내가 무엇을 좋아하고,
무엇을 배우고 싶은지, 무엇을 중요하게 여기는지
곰곰이 생각해 볼 수 있지.
오늘 필과 소피는 커서 어떤 사람이
되고 싶은지 생각해 봤어.
물론 간단한 생각은 아니지만 말이야.

"저기 좀 봐, 소피!"

소피가 바위 옆에 자전거를 세우고 있는데, 필이 신나서 소리쳤어요.

"저거 보여? 성공이야!"

"무슨 성공?"

"여기 내가 그루터기 옆에 심었던 해바라기 씨앗 말이야. 벌써 싹들이 돋아났어. 보여?"

"우아, 정말 많이 돋아났네! 일곱 개다! 세상에나! 무럭무럭 자라면 정말 멋진 해바라기가 되겠어. 얘들 키가 얼마큼이나 자랄까?"

"모르지. 씨앗마다 조금씩 다를 거야. 내가 2년 전에 창가에 심은 것들도 모두 크게 자라지는 않았으니까. 세 개만 웬만큼 자랐지. 난 그것들을 캐다가 창고 옆에다 옮겨 심었어."

"왜 어떤 것들은 크고 예쁘게 자라고, 어떤 것들은 그렇지 못할까? 이상하지 않아? 해바라기들은 자신들이 어떻게 자라야 하는지 아는 걸까? 아주 작을 때부터? 아니면 자라면서 그냥 그렇게 되는 걸까? 어떻게 생각해, 필?"

"음, 나는 이렇게 작은 식물이라도 이미 뭔가가 완성되어 있다고 생각해. 얘네들한테도 시간표 같은 것이 있을 거야. 그 시간표대로 되느냐 하는 것은 햇빛과 양분의 양에 따라 달라질 테고."

소피가 고개를 끄덕였어요.

"응, 그래. 물도 충분해야겠지. 햇빛과 물, 양분이 없으면 튼튼한 해바라기 씨라도 잘 자랄 수 없을 거야. 우습다, 식물도 우리랑 참 비슷하네! 우리도 음식이랑 잠이 부족하면 잘 클 수가 없잖아."

필이 웃었어요.

"맞아. 하지만 우리는 해바라기하고는 비교가 되지 않을 거야. 우리는 저마다 자신이 무엇을 가장 잘하는지, 무엇이 되고 싶은지 생각할 수 있잖아."

"그래, 그러면 우린 무엇이 될 수 있을까?"

소피가 물었어요.

"모르겠어. 우리 이모는 나더러 커서 뭐가 될 거냐고 묻는데, 그럴 때 이모가 물어보는 건 무슨 직업을 가질 거냐이 말이야. 하지만 난 직업은 아직 잘 모르겠어. 세상에 어떤 직업들이 있는지도 잘 모르잖아. 하지만 내가 좀 더 커서 하고 싶은 것들이 몇 가지 있긴 해. 다리 힘을 더 길러서 학교 앞에 있는 가파른 언덕을 자전거를 타고 단숨에 올라가고 싶기도 하고, 나중에 결혼해서 아빠가 되어 아이들하

고 축구하면서 놀고 싶기도 해. 우리 아빠가 나랑 놀아 주는 것처럼 말이야. 아, 또 있다! 난 요리를 잘했으면 좋겠어. 그러면 늘 맛있는 음식을 먹을 수 있잖아."

"하하! 멋지다! 그러면 나를 초대해서 맛있는 음식 좀 해 줘라. 정원에서 고기도 구워 먹으면 좋겠는데? 음…… 난 어른이 되어서도 즐겁게 살고 싶어. 어른들은 늘 뭔가 심각한 데다 하루 종일 지겨운 일만 하면서 사는 것 같지 않아? 그래서 때로는 어른이 되는 게 좋은 걸까 하는 의심이 들어. 하지만 좋아하는 일을 발견해서 즐겁고 의미 있게 한다면 좋을 것 같기도 해. 아무튼 해마다 해바라기를 심고 잘 보살펴 주는 건 좋은 일 같아. 마지막에 환하고 근사한 꽃을 피우게끔 말이야. 그러면 그 일이 어른이 되어서도 추억으로 남을 거야."

"좋은 생각이야! 냇가로 가서 해바라기한테 줄 물을 길어 오자!"

필이 웃으면서 가방에서 빈 물병을 꺼냈어요.

철학자의 지혜 한 스푼

살아가면서 자신을 발견해 나가는 것은 커다란 모험이야!

철학의 역사는 길어요. 긴 세월 동안 우리가 과연 누구이고, 어떤 사람이 될 수 있을지에 대해 연구해 왔지요. 이에 대한 철학자들의 생각도 오랜 역사만큼이나 깊고 다양해요.

앞서 이야기했던 플라톤은 우리를 이루는 것이 우리 속에 이미 다 있다고 보았어요. 물론 호기심을 가지고 배우면서 그것들을 발견해 나가야 한다고 했지요.

한편 영국의 철학자 로크는 사람이 세상에 일종의 '백지' 상태로 태어난다고 주장했어요. 그것을 '타불라 라사'라고 불렀지요. 이 말은 라틴어로 '깨끗한 석판'이라는 뜻이랍니다. 또 로크는 '아무것도 들여놓지 않은 방'과 같다는 비유도 했어요. 과연 그 방에는 무엇이 들어차게 될까요?

물론 우리가 보고 듣고 느낀 것들로 들어차겠지요. 아이가 보고 듣고 느끼는 감각을 통해 세상을 알아가듯이 말이에요. 로크는 이렇게 우리가 감각을 통해 쌓아 나가는 경험이 우리를 성장시킨다고 보았어요.

　사람들은 대게 플라톤의 말도 어느 정도 맞고, 로크의 말도 어느 정도 맞다고 생각해요. 진실은 그 중간쯤에 있다고요. 타고난 것과 경험한 것이 어우러져서 미래의 우리가 이루어질 거예요.

　하지만 문제는 무엇이 타고난 것이고, 무엇이 그렇지 않은 것인지 잘 알지 못한다는 거예요. 살아가면서 자신의 모습을 발견해 나가는 것은 커다란 모험이랍니다.

☆ **존 로크(1632~1704)**
로크는 철학 외에도 의학, 경제, 정치 등 다양한 학문을 연구했어요. 관용과 용서의 중요성을 강조했고, 우리의 모든 지식은 경험을 통해 얻어진다고 주장했어요.

때론 세상이 너무 불공평한 것 같지 않니?
문득 소피도 그런 생각이 들었어.
오늘 소피와 필은 공평한 것이 무엇인지
이야기하다가 새로운 생각에 다다랐어.

무엇인가가 나아지기를 소망할 뿐만 아니라,
그것이 나아질 수 있게 적극적으로 앞장선다면
세상이 좀 더 공평하고 정의로워질 거라는 걸.

자작나무 근처에 사과나무가 세 그루 있어요. 아직 키가 많이 크지는 않지만, 올해에는 그중 가장 큰 나무에서 큼지막한 사과가 일곱 개나 열렸답니다.

필이 까치발을 하고선 사과를 똑 따서 윗도리에 쓱쓱 문지르더니 한 입 베물었어요.

"우아, 맛있어! 진짜 달다!"

소피도 따라서 사과를 따려고 했어요. 하지만 까치발을 하고 아무리 손을 뻗어도 닿을락말락하기만 하지 사과가 따지지 않았어요.

"정말 불공평해! 네가 나보다 석 달이나 늦게 태어났는데, 나보다 훨씬 키가 크잖아. 난 아무리 해도 손

이 안 닿아."

"내가 따 줄게."

필이 소피 대신 사과를 따 주었어요.

"고마워."

하지만 소피는 여전히 표정이 밝지 않았어요.

"정말 불공평해. 난 키가 작아서 체육 시간에 공도 잡기 힘들고, 집에서도 수납장에 있는 간식을 꺼내려면 의자를 밟고 올라가야 해. 혼자서 사과도 못 따고……. 왜 모든 사람이 키가 똑같지 않은 거지? 다 똑같으면 공평할 텐데."

"하지만 키가 다 똑같다면 우습지 않을까? 너희 엄마가 슈퍼마켓 아저씨와 키가 똑같다고 생각해 봐. 그 아저씨는 거인처럼 키가 크잖아! 아니면 우리 아빠가 할머니 키만 하다고 생각해 봐. 난 사람마다 키가 다른 게 더 좋은 것 같아."

"그래, 하지만 키 큰 사람들은 살기가 좀 더 편해. 높은 곳에도 팔이 잘 닿잖아. 키 큰 사람들이 대부분 힘도 세고 달리기도 더 잘해. 정말 불공평한 일이야."

소피는 여전히 뾰로통한 표정을 지었어요.

"네가 잘 몰라서 그래. 키 큰 사람도 불편한 일이 많아. 난 툭하면 선반에 머리를 부딪혀. 매일같이 동생 대신 수납장 위쪽에 있는 장난감들을 꺼내 줘야 하고……. 모두가 똑같아야 공평한 게 아니라, 어떤 사람은 이걸 잘하고 어떤 사람은 저걸 잘하는 게 바로 공평한 거 아닐까? 지난번에 로라랑 팔크랑 놀이터에서 숨바꼭질했던 거 기억나? 너 그때 벤치 아래의 작은 나무 집으로 쏙 들어갔잖아. 나는 몸집이 너무 크고 팔크는 다리가 길어서 거기 못 들어갔는데."

"흠, 그러게. 몸집이 작은 게 좋을 때도 있었네. 또 어디에 좋은지 한번 생각해 봐야겠는걸. 그러면 체육 시간에 로라가 내 코앞에서 공을 채가도 그리 기분 나쁘지 않을 거 같아."

생각에 잠겨 자전거 열쇠로 나무 구멍을 쑤셔 대던 필이 갑자기 당황해서 소리쳤어요.

"맙소사! 내 열쇠가 이 구멍으로 들어가 버렸는데 꺼낼 수가 없네."

"내가 해 줄게!"

소피가 살포시 미소를 지었어요. 소피는 조그만 손을 구멍에 쏙 집어넣어 열쇠를 꺼냈어요.

"자, 여기! 이럴 땐 손이 작으니까 참 좋네."

소피가 웃었어요. 이젠 더 이상 불공평하다는 기분이 들지 않았답니다.

철학자의 지혜 한 스푼

공평함은 능력은 달라도
모두가 똑같은 가치를 지녔다는 것

    어느 순간 사람들은 혼자 또는 가족끼리만 사는 것보다 커다란 집단이나 공동체를 이루어 사는 것이 더 좋고 안전하다는 것을 깨달았답니다. 사회를 이루어 살면 각자가 다양한 일을 하면서 다른 사람을 도울 수 있으니까요.

    18세기 프랑스의 철학자 루소는 인간이 사유 재산을 가지게 되면서 불평등과 불공정이 생겨나고, 인간이 간사하고 악독한 존재가 되었다고 했어요. 사회 제도나 문화가 없는 자연 상태일 때 인간은 선하고 자유로우며 행복하다고 보았지요.

    루소는 사람들이 모여 사는 사회가 더 공평해지려면 계약을 맺어야 한다고 생각했어요. 인간은 혼자서 살아갈 수가 없으므로 계약을 맺어 국가를 만들어요. 이 국가는 국민을 위해 일해야 하지요.

    루소는 만약 권력자들이 독재를 하거나 자기들의 이익만을 위해서 일한다면, 국민들은 이에 저항해서 자

신들을 위한 새 정부를 세워야 한다고 주장했어요.

　무엇이 공평한 것인지를 결정하는 것은 쉽지 않아요. 사람마다 좋다고 생각하는 것이 다 다르기 때문이지요. 바로 이런 차이 때문에 우리는 공평하다는 것이 과연 무엇일지 생각에 생각을 거듭하게 된답니다.

　그러나 분명한 것은 '공평'은 모든 사람의 능력이나 특성이 똑같다는 이야기가 아니라, 그런 것들이 서로 달라도 모든 사람이 똑같은 가치를 지닌다는 것입니다.

☆ 장 자크 루소(1712~1778)
민주주의의 기초를 닦은 철학자예요. 어린이들이 통제당하지 않고 자유롭게 성장해야 하며, 심지어 관습과 규칙 등을 거부해도 좋다고 말했어요.

우리가 죽으면 어떻게 될까?
죽어도 저세상 어딘가에서
우리가 계속 살아갈 거라고 생각하니?
필과 소피는 오늘 죽음에 대해 생각했어.
이건 진짜 쉬운 질문이 아니지.
하지만 때로는 슬픈 일을 생각하는 것도
의미 있고 좋은 일이야.
그러면 살아 있다는 사실이
더없이 기쁘고 소중하게 여겨지니까.

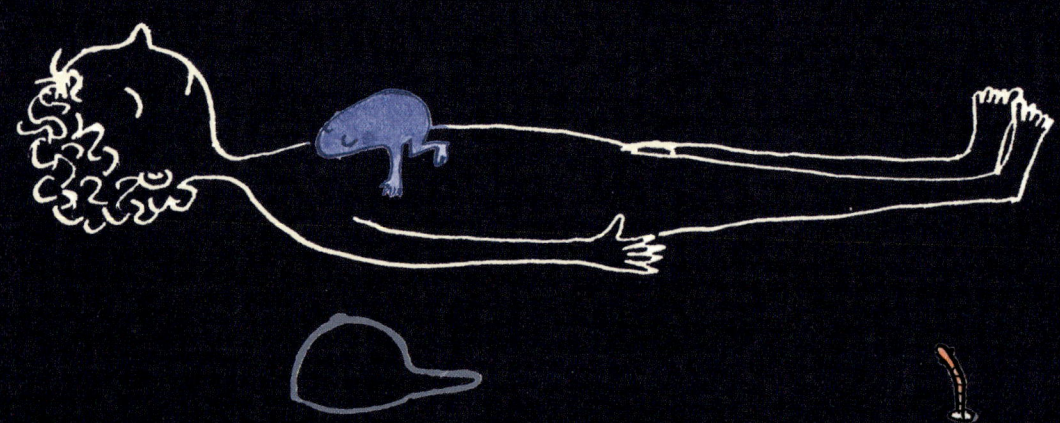

죽는다는 건

살아 있다는 것과
어떻게
다를까?

"지난주에 레베레히트 할아버지가 돌아가셨어……."

바지를 걷고 엄지발가락을 냇물 속에 담그며 필이 말했어요.

"앗, 차가워라! 그래도 냇물에 발을 담그니 여름 기분이 나는데?"

소피는 벌써 한 발을 물속에 넣고 첨벙거리고 있었어요.

"레베레히트 할아버지는 여름이면 아침마다 맨발로 정원을 걸어 다니셨는데……. 맨발로 이슬을 밟는 게 건강에 좋다고 말이야."

"레베레히트 할아버지?"

소피가 물었어요.

"우리 옆집에 살던 할아버지 기억 안 나?"

"아, 너희 정원 뒤쪽에 있는 하얀 집에 사시던 그 친절한 할아버지?"

"그래, 이제 할아버지도 안 계시고, 정원도 더는 걸어 다닐 수 없고…… 할아버지가 내 축구공을 주워서 울타리 너머로 던져 주실 수도 없다고 생각하니 기분이 이상해. 흠,

우린 죽으면 어떻게 될까? 하루만 죽었다가 다시 살아 돌아왔으면 좋겠어. 죽은 뒤에 무슨 일이 일어날지 확실히 알았으면 좋겠는데…….”

필이 젖은 발가락을 꼼지락거리며 말했어요.

소피는 풀을 뜯어 줄기를 만지작거렸어요.

“난 잘 모르겠어. 때로는 이 세상에서 사는 게 여행 같은 게 아닐까 하는 생각이 들어. 여행할 때 기차를 타고 낯선 역에 내리는 것처럼 어느 순간 우리는 이 세상에 도착한 거야. 그러고는 여기서 사람들을 사귀고 주변을 알아가면서 열심히 살아가지. 그러다가 언젠가는 다시금 가방을 싸야 할 날이 와. 그러면 역으로 돌아가서 다음 기차를 타지. 이곳에 오기 전의 일들을 우리가 알지 못하는 것처럼 돌아간 다음의 일을 알지 못한다 해도 별 상관없는 것 같아.”

“하지만 넌 언젠가는 죽는다는 사실이 무섭지도 않아?”

필이 약간 놀라서 물었어요.

“아니, 무섭지. 할머니가 돌아가실까 봐 걱정도 돼. 우리 할머니는 꽤 오래전부터 몸이 편찮으시잖

 아. 언젠가는 부모님도 돌아가시겠지. 하지만 그런 생각을 하면 기분이 어두워져서 그런 생각을 하지 않으려고 해."
 "그런 생각이 들 땐 어떻게 하는데?"
 필은 소피가 이런 쪽으로 생각이 깊어서 조금 놀랐어요.
 "살아 있다고 생각하면 뭔가 근사한 기분이 들어. 그래서 우울한 생각이 들 때면 그런 기분을 떠올리

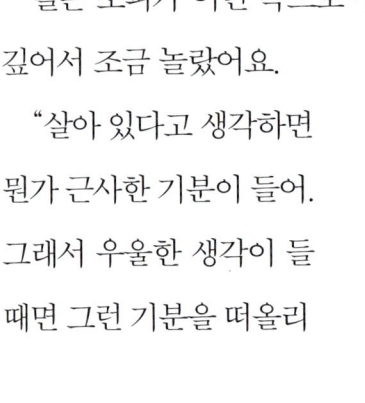

려고 하지. 아직 알지 못하는 것들과 아직 할 수 있는 것들이 많이 있는 것 같아 설렌다고나 할까? 그런 기분이 들면 지레 겁을 먹기보단 지금 중요해 보이는 일들을 하는 게 낫겠다는 생각이 들지."

소피는 필을 보고 미소 짓더니 나머지 한 발마저 물속에 담갔어요.

"소피, 넌 진짜 용감한 것 같아."

소피가 까르르 웃었어요.

"뭐가? 물 별로 안 차가워."

하지만 소피는 필이 자기에게 용감하다고 한 건 한쪽 발을 마저 물에 담갔기 때문이 아니란 걸 알고 있었어요.

그래서 이런 말을 덧붙였어요.

"때로는 너무 많은 생각이 별 도움이 안 되는 것 같아. 기차를 타고 하늘나라로 가게 되면, 거기서 맨발로 풀밭을 뛰어다닐 수 있을지도 모르지."

> 철학자의 지혜 한 스푼

죽는다는 사실은 삶이라는 선물을 더욱 빛나게 한다

　16세기 프랑스의 철학자 몽테뉴는 인생의 크고 작은 질문들에 대해 생각했고, 자신의 생각을 《수상록》이라는 책에 담아냈어요.

　몽테뉴가 살았던 시대에는 종교 간의 갈등으로 수많은 사람들이 목숨을 잃었어요. 게다가 몽테뉴는 둘도 없는 친구를 잃고 잇달아 사랑하는 가족들을 떠나보내면서 죽음에 대해 더욱 깊이 생각하게 되었답니다.

　몽테뉴는 철학이 죽음처럼 여전히 수수께끼나 신비로 남아 있는 것들에 대해 생각할 수 있게 도와준다고 확신했어요. 몽테뉴는 죽음이 삶의 끝이 아니며, 죽는다는 사실을 아는 것이 살아 있는 동안 우리를 더 자유롭게 한다고 했지요.

　그리고 언제 죽을지도 모르고, 죽음의 순간은 누구에게나 딱 한 번뿐이기에 죽음을 너무 걱정하지 말라고 했어요. 그 대신 살아 있는 동안 자연에 순응하며 삶의 기쁨을

만끽하고, 지금 이 순간을 충만하게 누리자고 했어요.

동물들은 자신들이 죽는다는 사실을 알지 못해요. 꽃도 자신들이 시든다는 사실을 모르지요. 하지만 사람만큼은 영원히 이 땅에 있을 수 없다는 것을 알아요. 이런 것들이 우리가 살아가는 모습을 변화시킨답니다.

죽는다는 사실은 때로 우리를 슬프게 만들어요. 하지만 그로 인해 살아 있다는 사실이 소중한 선물이라는 걸 새삼 깨닫게 하지요.

☆ **미셸 에켐 드 몽테뉴(1533~1592)**
몽테뉴는 자기 자신의 내면을 깊이 들여다보는 것을 중시했어요. 37세에 은퇴했다가 자기 영지의 낡은 탑에서 머물며 자유롭게 내면을 성찰하여 《수상록》이라는 책을 써냈어요.

시간이란 정말 신비로워.
재미있는 일을 할 때면
똑딱똑딱 시간이 빨리 가지.
하지만 심심하고 지루할 때면
똑딱똑딱 시계만 쳐다보게 돼.

필은 생일 전날의 오후가 정말 시간이 안 가.
소피는 지루해하는 필에게 제안을 하나 했어.
오늘 소피와 필은 시간이 왜
어떤 때에는 빨리 가고,
어떤 때에는 느리게 가는지
생각해 보았어.

"생일 전날엔 왜 이리 시간이 안 갈까? 생일 전날은 일 년 중에 하루가 가장 긴 날 같아. 시간이 진짜 느리게 가."

바위 옆에 롤러스케이트를 세워 놓으면서 필이 불평했어요.

소피는 작은 나무껍질을 모아 배를 만들고 있었어요.

"시간이 느리게 가면 좋은 거 아냐? 생일을 맞이했을 때 설레는 느낌을 더 오래 간직할 수 있잖아. 내 생일은 아직 반년도 넘게 남았어."

소피가 나뭇잎 한 장을 가느다란 나뭇가지에 끼우며 말했어요.

"하지만 생일이 한참 남았을 때는 기다리지 않잖아. 기다리지 않으면 어차피 시간이 후딱 가 버려."

필이 뾰로통한 목소리로 말했어요.

"나를 도와주면 오후가 순식간에 지나가 버릴걸!"

소피가 제안했어요.

"보여 줘 봐. 몇 개나 만들었는데?"

"네 개 만들었는데, 두 개는 아직 돛을 못 달았어."

"내가 할게. 이리 줘 봐."

그러고는 필은 가방에서 작은 조각칼을 꺼내어 소피에게 건넸어요. 마침 오늘은 미술 시간이 들은 날이라 책가방에 조각칼이 있었거든요.

"자, 이걸로 돛대를 약간 뾰족하게 만들면 쉽게 될 거야."

소피는 필에게 나무토막 두 개를 건넸어요. 둘은 작은 배 열두 척을 완성할 때까지 열심히 배를 만들었답니다.

"필, 저 아래 냇가에 가서 우리 배를 경주시켜 보자. 어떤 배가 맞은편 둑까지 가장 빨리 가는지."

"그래, 좋아!"

그때 필이 손목시계를 보았어요.

"아, 그런데 시간이 30분밖에 없는데 할 수 있을까? 아깐 오후가 엄청 길게 느껴졌는데 금방 시간이 가 버렸네."

필이 깜짝 놀라서 말했어요.

"늘 그렇잖아. 재미있는 걸 하면 시간이 쏜살같이 가 버려. 지루할 때는 시간이 멈춘 것 같아서 자꾸 몸을 배배 꼬게 되지만 말이야."

"맞아! 그럴 땐 어떻게 하면 그 시간들을 재미있게 보낼 수 있는지 생각해 봐야겠어. 그러면 생일 전날을 지루하게 보내지 않아도 되겠지."

"물론이지! 자, 빨리 가자! 안 그러면 보트 경주를 못 시킬지도 몰라."

소피가 외쳤어요.

"출발! 생일 전날 오후가 오늘처럼 빨리 간 적은 없었어. 내가 만든 배들이 네 것보다 더 빠를 거야. 내기하자고!"

필이 웃으며 소리쳤어요.

철학자의 지혜 한 스푼

불가사의하기 때문에 더욱 소중한 시간

　시간 역시 철학자, 물리학자, 수학자들에게 예로부터 커다란 신비로 다가왔어요. 많은 학자들은 인간이 없어도 시간은 존재한다고 생각했어요. 사람들이 볼 수 없어도 물건이나 나무, 동물들이 있는 것처럼 말이에요.

　위대한 사상가 뉴턴도 시간을 굉장한 수수께끼로 생각했지요. 어떤 학자들은 시간을 인간이 사용하는 도구로 보았어요. 사물이 어떻게 변하는지, 사건이 어떻게 진행되는지를 측정할 수 있는 도구로 말이에요.

　또 다른 사람들은 시간이 불가사의한 것이라고 생각했답니다. 불가사의하다는 건 사람의 생각으로는 미루어 헤아릴 수 없을 만큼 이상하고 야릇하다는 뜻이에요.

　철학자 아우구스티누스도 그렇게 보았어요. 우리는 늘 시간이라는 불가사의와 함께 살아가요. 시계를 보고 약속 시간도 정하지요.

하지만 그럼에도 우리는 각자 시간이 가는 것을 다르게 느껴요. 꼬마에게는 기나긴 한 달이 할머니에게는 짧디짧게 느껴질 수 있는 것처럼요.

우리는 미래를 계획하고 과거를 기억할 수 있어요. 하지만 이 두 가지는 서로 연결되어 있답니다. 시간이 무엇인지 정확히 알진 못해도 시간을 잘 활용하려고 노력해 보세요!

☆ **아이작 뉴턴(1643~1727)**
17세기 영국 최고의 물리학자이자 수학자, 천문학자로 근대 과학의 기틀을 세웠어요. 수학에서는 미적분법을 창시하고, 물리학에서는 만유인력의 법칙을 비롯한 뉴턴 역학의 체계를 세웠지요.

☆ **아우구스티누스(354~430)**
초기 그리스도교 교회가 낳은 위대한 철학자이자 사상가예요. 기독교 교리를 체계화하려고 했고, 인간의 참된 행복은 신을 사랑하는 그 자체에 있다고 했어요.

집은 아주 편안한 장소야.
그런데 사람들 중에서도 집처럼
포근하게 느껴지는 사람들이 있어.
소피와 필은 이런 집 같은 느낌을
다른 곳에서도 느낄 수 있는지가 궁금해.
이사를 가도 그런 감정을 느낄 수 있을까?

운이 좋으면 세상의 여러 장소를
집처럼 편안하게 여기게 될 수도 있어.
하지만 가장 처음 그런 감정을 느낀 장소는
늘 특별하게 기억되지.

"파울 이사 간다는 거 알아? 아주 멀리로 간대."
고슴도치의 겨울 집을 마련해 주려고 나뭇가지들을 수북이 쌓으면서 필이 말했어요.
"정말? 그러면 다른 학교로 전학 가겠네? 이사 가서 주변에 온통 낯선 사람들뿐이면 꽤 기분이 이상할 것 같아."
"그래, 파울이랑 더는 축구를 할 수 없다니 정말 아쉬워! 나도 영국에서 이리로 이사 왔지만, 그땐 어릴 때라 기분이 어땠는지 잘 기억 안 나. 어려서 아무 생각이 없었는지도 모르지."
"어릴 적에는 어차피 모든 것이 새로우니까. 하지만 정든 곳을 떠나 낯선 곳으로 간다는 건 쉬운 일은 아닐 거야. 음, 우리 집에 갑자기 다른 사람들이 이사 와서는 그 집을 자기네 집이라고 한다고 생각해 봐. 이제 다른 남자애가 파울의 방을 쓰면서 자기 방이라고 하겠지? 그런 걸 생각하면 약간 우스워. 하지만 아마 생각보다 빨리 익숙해질 거야."

"글쎄, 내가 이사 가면 새 집에 빨리 적응할 수 있을까? 지금으로서는 상상이 안 가. 하지만 언젠가는 달라질 수도 있겠지. 스웨터를 뜨거나 탁자를 만드는 것처럼 새로운 집도 '만들 수' 있는 걸까?"

필은 큰 가지를 더미 위에 올려놓으려는 소피를 도와주면서 말을 이었어요.

"어쩌다 아빠가 다시 직장을 옮겨야 해서 우리가 이사를 가게 되면 어떨까 상상해 봤어. 하지만 그런 일이 있다고 해도 나의 진짜 집은 여전히 여기일 것 같아."

"전에 살던 곳이 진짜 집이라면 이사 가는 사람들, 심지어 다른 나라로 이민 가는 사람들은 영영 집을 잃어버리게 되겠네? 하지만 그렇지는 않을 거야. 소중한 사람들이 있는 곳이 바로 집인 거고, 이사를 가도 가족들은 함께 가니까 말이야."

"그래, 이사 갈 때도 뭔가 '제2의 집' 같은 걸 가지고 갈 수 있겠지. 우선 무엇보다 가족들이 함께 가고, 이삿짐에 싣고 가는 가구며 사진, 침대보 같은 물건들이 정든 것

들이지. 하지만 그래도 난 여기가 진짜 내 집인 것 같아. 이런 곳은 다신 없을 것 같아. 여기엔 나의 모든 추억이 있단 말이야."

"그래, 그럴 수도 있어. 우리 할머니는 맨날 옛이야기를 하셔. 어렸을 때 가족들과 함께 어떻게 고향을 떠나왔는지 입이 닳도록 말이야. 그리고 늘 고향을 그리워하셔. 사람마다 고향 같은 게 있을 거야. 어린 시절의 추억이 깃든 장소 말이야. 그런 장소는 한 곳뿐이겠지? 그래도 이사 갈 때 정든 것들을 몽땅 가져갈 수 있다면 괜찮을 것 같아. 그러면 이사를 가도 별 걱정이 없을 거야."

"그래, 다른 데로 이사를 갔다가 다시 원래 살던 곳으로 돌아올 수도 있잖아. 그럼 두 곳 모두 나의 고향이 될지도 몰라. 매년 우리가 지어 준 집에 들어와서 사는 고슴도치들처럼 말이야. 우리는 고슴도치들이 어디서 살다 오는지 알지 못해. 하지만 걔들은 겨울이면 다시 나타나서 우리가 지어 준 집에서 살지. 여기에 가지 하나만 더 놓으면 완성이

다! 와, 제법 멋지게 지어졌네?"

"하하!"

소피가 웃었어요. 둘은 굵은 가지와 잔가지로 쌓아 올린 고슴도치 집을 흐뭇하게 바라보았어요.

"고슴도치들한테 좋은 집이 되겠어. 그들의 고향이 어디 다른 곳이라도 말이야!"

철학자의 지혜 한 스푼

고향과 모국어는 나의 집, 무엇이 나에게 집처럼 편안할까?

여러분에게 집처럼 편안한 느낌을 주는 것은 무엇인가요? 그것이 꼭 어떤 장소일 필요는 없어요. 주변 사람들일 수도 있고, 우리가 즐겨 하는 활동일 수도 있지요.

우리가 매일 사용하는 말이나 단어들도 '집같이 편안한' 느낌을 줘요. 그건 우리가 어디 있든지 상관이 없답니다.

고향을 떠나 여러 나라에서 새로운 '집'을 찾아야 했던 독일의 철학자 아렌트는 자기 나라의 말인 모국어가 그런 편안함을 준다고 보았어요. 따라서 늘 가지고 있고, 어느 장소로든 가지고 갈 수 있으며, 결코 잃어버리지 말아야 하는 것 가운데 우리가 살고 있는 것이라고 말이지요.

하지만 집 같은 편안한 느낌이 없고 고향이 없다고 해도 사람은 어디에선가 살아가야 한답니다. 자신의 나라를 떠난 사람들, 특히 난민들은 그렇게 살아야 해요.

그들은 소중한 고향에서 쫓기듯 떠나와 살아온 방

식과 모국어를 송두리째 잃어버릴 위기에 처해 있어요. 낯선 곳으로 이주한 사람들이 조금이라도 잘 적응할 수 있게 도우려면 어떻게 해야 할지 함께 생각해 보아요.

    그러니 우리는 고향과 집이 있다는 것에 감사하며, 무엇이 자신에게 집같이 편안한 느낌을 주는지 종종 생각해 보면 좋겠지요.

☆ **한나 아렌트(1906~1975)**
독일의 유대인 가정에서 태어났어요. 나치 정권의 유대인 탄압을 피해 프랑스로 망명했다가 다시 미국으로 망명했어요. 죽을 때까지 정치와 자유의 문제에 대해 치열하게 고민했어요.

우리 눈에 보이는 세상이
처음 시작된 순간이 있었을까?
오랜 세월 학자들은 그 비밀을 밝히고자
생각에 생각을 거듭했지만,
끝내 답은 찾지 못했어.

오늘 오후 필과 소피도
그런 궁금증이 일었어.
그 과정에서 또 다른 질문을
만나는 것도 나쁜 일은 아니겠지?

오늘 필과 소피는 썰매를 탔어요. 필은 썰매를 자작나무 아래의 바위 옆에 세워 놓고서 벌거벗은 나뭇가지를 쳐다보며 이렇게 물었어요.

"소피, 이 모든 게 언제 어떻게 시작되었을까?"

"모든 것? 뜬금없이 그게 무슨 말이야?"

"그냥 세상에 있는 모든 것 말이야. 지금은 나무가 벌거벗었잖아. 하지만 봄이 되면 어김없이 새잎이 나오지. 그런데 나뭇잎이 맨 처음 나왔던 순간은 어땠을까? 생명이 맨 처음에 어떻게 시작된 것인지 궁금해."

필이 말했어요.

"그건 아무도 정확히 모른대. 아주 오래전이라는 것밖에는. 원시적인 생명체에서 나뭇잎이나 꽃이나 고양이나 인간처럼 복잡한 생명체가 나오기까지는 아주 어마어마한 세월이 걸렸대. 작년에 우리 집 고양이가 새끼를 낳았을 때, 나도 그런 궁금증이 들었어. 아빠한테 여쭤보았더니, 아빠가 진화에 대해 이야기해 주셨어. 처음에는 그냥 어떤 세포들만 있었고 거기서 출발해서 생명체

가 나오게 된 거래. 환경에 잘 적응한 생물들은 계속 살아남을 수 있었고, 이들이 살아남는 데 도움이 된 특성들은 점점 더 진화되었대. 기린의 긴 목이나 강아지의 밝은 코처럼 말이야."

"그래, 나도 그런 이야기는 들었어. 하지만 내가 정말 궁금한 건 조금 다른 거야. 언젠가 '뽕' 하고 생명이 시작된 순간이 있지 않았을까? 살아 있지 않던 것들이 살아 있는 것으로 변해 버린 순간 말이야. 난 그 순간이 어떻게 일어났을지가 궁금하다고!"

필이 물었어요.

"모르겠어."

소피가 어깨를 으쓱했어요.

"하느님이 그렇게 했을지도 몰라. 하지만 도기장이가 도기를 빚듯 누군가가 이 모든 것을 다 만들었다는 건 잘 상상이 안 가. 무대 장치를 만들 듯 누군가가 이 세상이 어떤 모습이어야 하는지 미리 알고 있었던 건 아닐 것 같아."

필이 말했어요.

"하지만 그걸 정확히 아는 게 그렇게 중요할까? 많은 일들이 어떻게 된 건지 알 수 없는 채로 일어나잖아. 어느 순간에 그냥 그렇게 되지. 모든 것이 적절히 어우러지면, 완벽한 생일 케이크가 만들어지기도 하고, 맛있는 딸기가 되기도 하고, 온도가 딱 좋은 목욕물이 되기도 하고 말이야. 어떤 것들이 모이면 거기서 새로운 것이 만들어지는 거야."

필이 썰매 옆에 소복이 쌓인 눈을 굴려 눈덩이를 만들면서 고개를 약간 갸웃거렸어요.

"그러고 나면 누가 뭘 한 게 아닌데도 뿅 하고 일이 일어난다는 말이지? 우린 그냥 지켜보기만 했는데 말이야. 그러면 알게 모르게 새로운 것이 시작되는 거고."

갑자기 눈을 파헤치던 필이 멈칫했어요.

"소피, 여기 좀 봐! 저 아래에서 눈풀꽃* 싹이 나오는 게

---

* 눈풀꽃 : 유럽이 원산지로 이른 봄에 피는 수선화과의 알뿌리 식물이에요. 흰 꽃이 꽃대 끝에 하나 피어요.

보여. 눈 밑에서 말이야."

소피가 미소를 지었어요.

"정말 신기하다! 때로는 애쓰지 않아도 되는 것 같아. 멋진 것들은 저절로 만들어지니까. 그런데 어른들은 진보하고 발전하는 걸 더 좋아하는 것 같아. 애써 노력하는 걸 최고로 치지."

필이 히죽 웃었어요.

"맞아! 우리가 아직 어른이 아니어서 참 좋아. 많은 것을 새롭게 시작하고 발견할 수 있어서."

철학자의 지혜 한 스푼

이 세상이 어떻게 시작됐을지 함께 생각해 볼까?

이 세계가 어떻게 시작되었는지에 대해 처음으로 궁금증을 던진 사람들은 자연 철학자들이었답니다. 그들은 플라톤과 아리스토텔레스보다 앞서서 생명이 어떤 원천 혹은 어떤 물질로부터 생겨났을까를 생각했어요.

생각은 학자마다 많이 달랐어요. 자연 철학자들은 이런 만물의 근원을 '아르케'라고 불렀답니다.

아낙시만드로스도 자연 철학자들 중 한 사람이었어요. 아낙시만드로스는 세계의 근원을 이루는 것은 어떠한 형태도, 한계도 갖지 않는 무한정한 물질이라고 했어요. 그 물질을 '아페이론'이라고 불렀지요. 아페이론은 일종의 정신적인 힘으로서 만물을 이루어 내는 원천이라고 보았어요.

또 만물이 물에서 시작되었다고 보는 탈레스 같은 학자도 있었고, 수많은 유기물이 뒤섞인 '원시 수프'에서 합성이 일어나 생명이 시작되었다고 보는 학자도 있었어요.

또 다른 학자들은 생명이 원자라는 작은 입자들로 구성되어 있다고 확신했어요. 철학자 데모크리토스는 우리의 영혼에 이르기까지 전 세계가 원자로 이루어져 있다고 믿었답니다.

우리는 이 모든 것이 정말로 어떻게 시작되었는지 아직 정확히 알지 못해요. 많은 사람들이 신이 이 세상의 모든 것을 창조했다고 믿지요. 중요한 것은 우리 모두가 그에 대해 생각하고, 함께 대답을 발견해 나가고 있다는 것이랍니다.

☆ **아낙시만드로스(기원전 610~546)**
탈레스의 제자로, 아페이론 이론을 펼쳤어요. 만물은 반드시 사라져 근원으로 되돌아간다고 주장했지요.

☆ **데모크리토스(기원전 460~370)**
고대 그리스의 사상가로 원자론을 체계화했어요. 이 세계의 모든 것이 원자로 이루어져 있으며, 세계는 원자와 텅 빈 공간으로 이루어져 있다고 생각했어요.

더 깊은 철학의 세계로 풍덩!

지금까지 필과 소피의 머릿속을 스쳐간 여러 질문들은
아주 오래된 것들이에요. 많은 사상가와 철학자들이
몇백 년 전부터 이미 그런 질문들에 대해
생각에 생각을 거듭해 왔지요.
그리고 수많은 철학자들이 한 가지 질문에 대한
다양한 답을 내놓았어요.
여러분, 철학자들의 다양한 생각을 찾아보며
우리도 함께 질문에 답해 보아요!

"중요한 것은 질문을 멈추지 않는 것이랍니다.
호기심은 꼭 필요한 것이에요. 영원한 것에 대해, 생명에 대해,
현실의 놀라운 구조에 대해 감탄하게 만들지요.
그날그날이 던져 주는 작은 수수께끼를 이해하려고 노력하는
것만으로도 충분합니다. 이 신성한 호기심을 결코 잃지 마세요!"

-알베르트 아인슈타인

질문을?

멈추지 않는 끈기를 가져 보세요!

생각하는 습관을 키우는
어린이 철학 교실

지은이 | 이나 슈미트
그린이 | 레나 엘레르만
옮긴이 | 유영미
펴낸이 | 이동수

1판 1쇄 펴낸날 | 2018년 1월 22일
1판 4쇄 펴낸날 | 2021년 5월 7일

책임편집 | 박경선
디자인 | 나무디자인 정계수

펴낸곳 | 생각의날개
주소 | 서울시 강북구 한천로 109길 83, 102동 1102호
전화 | 070-8624-4760
팩스 | 02-987-4760
출판등록 | 2009년 4월 5일 제 25100-2009-13호

ISBN 979-11-85428-32-1 73100
＊책값은 뒷표지에 있습니다.
＊잘못된 책은 구입한 곳에서 교환해 드립니다.

「이 도서의 국립중앙도서관 출판예정도서목록(CIP)은 서지정보유통지원시스템 홈페이지(http://seoji.nl.go.kr)와 국가자료공동목록시스템(http://www.nl.go.kr/kolisnet)에서 이용하실 수 있습니다.(CIP제어번호: CIP2017035291)」